LA
COTE ORIENTALE D'AFRIQUE

**LE DELTA DU ROUFIDJI.
LE CAP DELGADO. LES ILES KERIMBA. MOZAMBIQUE.
LES ILES BAZAROUTO. BEIRA.**

Conférence faite à la Société de Géographie de Lille,
le Jeudi 7 Janvier 1904,

PAR

S.-A. EICHARD,

Voyageur - Naturaliste , Chargé de Missions.

Extrait du Bulletin de la Société de Géographie de Lille (Juin 1904).

LILLE
IMPRIMERIE L. DANEL.

1904.

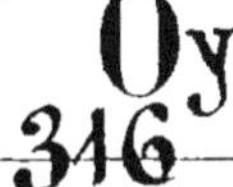

LA COTE ORIENTALE D'AFRIQUE

LE DELTA DU ROUFIDJI.
LE CAP DELGADO. LES ILES KERIMBA. MOZAMBIQUE.
LES ILES BAZAROUTO. BEIRA.

Conférence faite à la Société de Géographie de Lille,
le Jeudi 7 Janvier 1904,

Par S.-A. EICHARD,

Voyageur-Naturaliste, Chargé de Missions.

De Juillet à Décembre 1902, j'ai exploré la zone littorale qui s'étend depuis le 6° jusqu'au 22° de parallèle Sud, pour la prospection des bancs perliers qui s'étendent depuis l'île de Zanzibar jusqu'au cap Saint-Sébastien.

Après deux semaines de séjour à Zanzibar, pour la préparation de mon voyage, j'eus la bonne fortune de fréter une goëlette en acier, de nationalité allemande, qui venait de terminer une croisière commerciale dans les parages de la côte allemande.

Ses caractéristiques nautiques étaient 69 tonneaux nets, 23 mètres de longueur, 4 m. 80 de largeur et 1 m. de tirant d'eau.

Son nom était « Kenda », ce substantif de la langue swakili, veut exprimer le chiffre neuf; près de Dar-es-Salaam il y a une petite île madréporique qui porte ce nom.

Nous étions quinze à bord, l'auteur de ce travail, s'occupant des recherches biologiques, le capitaine C. Schultz, l'interprète Weissmann, six matelots, un cuisinier, cinq porteurs, tous indigènes, deux chiens de chasse venaient compléter notre groupement.

Huit jours après notre départ de Zanzibar, avec des fortunes diverses de beau et mauvais temps, nous reconnaissions un des bras septentrionaux du delta formé par le Roufidji à Simba Uranga.

Celle-ci et l'embouchure de Kikunya plus au Sud, sont celles usitées pour remonter ce fleuve, étant dépourvues de barres en cet endroit, tous les bras de ce delta sont reliés par une série de petits canaux serpentant au milieu des palétuviers, ce qui permet aux pirogues de se rendre dans les villages, sans passer les barres. Ces (cañons) creusés dans l'argile par l'érosion des eaux, hauts de quelques mètres seulement, sont les lieux de refuge habituel des hippopotames, qui se rencontrent abondamment et auxquels les indigènes donnent le nom de kibokos.

Simba Uranga est sur la rive Ouest de l'embouchure principale, c'est un pauvre village, composé de huttes rectangulaires en pisé.

En canot nous avons remonté la branche maîtresse de ce delta, appelé Suninga, les rivages du fleuve ravinés par le courant sont d'argile vaseuse.

Des deux côtés de la berge, une masse compacte de palétuviers et d'essences tropicales cache la vue de l'horizon.

Des bécassines s'y rencontrent en abondance, cherchant, dans ces terrains boueux, une nourriture composée de vers et de larves.

La faune ornithologique est du reste variée dans ces parages, flamands, canards sauvages, hérons, qui fournissent des aigrettes recherchées dans le commerce, sont abondants, de nombreuses variétés de crabes se plaisent dans ces régions basses. Les singes colobus et les cercopithèques, ces derniers se nourrissant exclusivement de fruits, peuplent les rivages.

A 7 milles de l'embouchure, nous jetons l'ancre à Salala.

Cette région est peuplée de Swahili, qui se rencontrent sur toute la côte du Zanguebar, c'est-à-dire de l'Est africain anglais jusqu'au cap Delgado, limite septentrionale du Mozambique.

Nous assistons dans cette localité à une cérémonie nuptiale, dont la partie la plus intéressante est un *goma arusi*. Celui-ci consiste dans l'assemblée de tout le village dans une case dépourvue de murs et de toiture, n'en subsistant seulement que les montants de bois qui en forment la structure.

Cette cérémonie est le prétexte de réjouissances d'un caractère tumultueux.

Sur un tambour dénommé goma, fabriqué dans un tronc d'arbre, dont la partie antérieure seule est creusée, recouverte d'une peau de fauve.

Cet instrument qui est de grande dimension est posé sur le sol, la femme qui tape dessus, se place à califourchon, la musique continuera ainsi jusqu'à une heure avancée de la nuit, au milieu des feux de bivouac, des cris et des danses.

Les Swahilis du sexe masculin sont généralement bien décuplés, et la physionomie offre un caractère de régularité, que l'on ne rencontre que dans le Soudan, leurs vêtements fort simples, consistent en une pièce de coton blanc, terminée par un liseré de couleur, qu'ils s'enroulent autour des reins qui tombe à mi-jambe, ce léger costume s'appelle kaniki.

Les plus fortunés ont au-dessus une immense chemise qui tombe sur les talons, c'est la chouka, le chef est habituellement recouvert d'une chechia mais plus souvent d'une calotte de cotonnade.

Les femmes Swahili offrent des caractères ethnographiques plus intéressants.

Elles sont jolies, les types offrant des exemplaires de régularité des traits et d'esthétique corporelle ne sont pas rares à rencontrer.

La chevelure crépue est enduite d'huile de coco, soigneusement démêlée avec un instrument de bois, de dimensions et de forme bizarres, ne rappelant que vaguement notre peigne, ce morceau de bois de 25 à 30 centimètres de longueur, est incrusté d'arabesques, les deux tiers de la longueur formant une partie du peigne, dont les dents sont longues et finement pointées, l'autre tiers se compose également de dents, mais naturellement plus petites et moins pointues, cette partie du peigne faisant l'office de démêloir. Après, la séparation des cheveux est faite en petites lanières tressées parallèles les unes aux autres qui partent du frontal pour aboutir à la base du crâne.

Les oreilles et les ailes du nez, sont les seules parties de la face qui offrent le siège de mutilations. Trois trous sont la moyenne courante, mais il n'est pas rare de trouver des femmes dont le pavillon est percé jusqu'en cinq endroits, disposés les uns à côté des autres.

La mutilation est pratiquée de la manière suivante : un petit trou est ménagé au moyen d'un instrument, on y introduit immédiatement après, une feuille soigneusement enroulée, par sa structure celle-ci tend à reprendre son état primitif de planéité et a pour but d'agrandir l'alvéole, on continue avec des feuilles plus grandes, jusqu'à ce que l'on obtienne le diamètre désiré, on y place ensuite une feuille de papier large de quelques milimètres et préalablement enroulée soigneusement, comme les serpentins, sur ce petit disque obtenu est fixé un morceau de clinquant. Il arrive fréquemment que ces alvéoles pratiquées, à force de vouloir être agrandies finissent par être déchirées, et les tissus devenant de plus en plus détendus, ne peuvent désormais contenir ces ornements ; dans ces conditions le lobe de l'oreille pend d'une façon lamentable.

Les femmes Swahili recherchent comme ornements au lieu de papier, des coquillages gastéropodes, dont on utilise le spire, après l'avoir soigneusement arrondi. On en rencontre sur la côte dans les environs de Lamu, île située près de Mombaza, mais leur extrême rareté tend à transformer les habitudes de ces élégantes.

La mutilation du nez est copiée des Hindous, qui introduisent un clou doré à la partie supérieure de l'aile.

Le vêtement féminin est composé de deux pagnes ou kangas, un de ceux-ci passe sous les aisselles, étant fortement tendu sur les seins, pour obtenir l'aplatissement progressif de ces organes. L'autre pagne est artistiquement drapé sur les épaules et quelquefois même recouvre la tête suivant les modifications de température.

Avant de doubler le cap Delgado, notre dernière escale a été la baie de Kiloa (Kilwa des Allemands), celle-ci est vaste, la mer y est continuellement agitée ; la ville de Kiloa est élevée en amphithéâtre dans la partie occidentale de la baie.

Les rues, très larges, sont d'une propreté méticuleuse. Les avenues principales sont plantées d'essences tropicales ; l'agglomération où vivent les noirs représente les neuf dixièmes de la superficie totale, chaque case est matriculée, cette méthode est usitée dans les principaux centres de l'Afrique orientale allemande, pour faciliter la tâche du fisc.

Plus au Sud, la rivière Rovuma sert de limite à la colonie allemande et à la colonie portugaise du Mozambique, cette rivière a été explorée par le Docteur Livingstone, à l'aide d'embarcations sur une longueur de 150 milles.

Le mouillage et le débarquement à l'embouchure de cette rivière offrent continuellement de grands dangers, la surveillance active de cette zone est presque impossible, aussi les négriers mettent-ils à profit ces difficultés pour pénétrer dans cette voie fluviale, où ils recrutent, avec facilité, les éléments pour leur honteux trafic de chair humaine.

Le 25 Septembre, après 17 jours de navigation lente, mais accomplie sans incidents, pendant lesquels nous avons couvert environ 350 milles depuis Zanzibar, nous arrivions en vue du cap Delgado ou Ras Kongo. Ce cap est bas, vu du Nord il ressemble à une île, un phare est érigé sur le cap Delgado ; c'est une tour de bois de 20 mètres de hauteur, peinte en noir, le feu blanc fixe qui la surmonte est visible à 10 milles au large.

Dans les parages de ce cap, le régime marin est influencé par les deux branches du courant équatorial, qui se séparent dans son voisinage, entre les parallèles de 10° et 11° Sud, au plus fort de la mousson de N.-E. le point de séparation atteint sa limite la plus septentrionale et *vice-versâ*.

Nous arrivions après avoir reconnu ce point important, sur le champ principal du voyage, le groupe des iles Querimba.

En venant du Nord, l'île Tekomaji est la première, sa longueur est de 2 milles, sa largeur de 1 mille, l'élévation en est médiocre, tout en étant légèrement ondulée dans une direction N -O — S. E.

La partie occidentale de Tekomaji est constituée de sable coquiller, reposant sur le récif, la partie orientale est complètement dépourvue de plages sablonneuses, les récifs qui constituent la partie inférieure de cet îlot, laissant émerger complètement leurs roches coralligènes, produites par l'activité ininterrompue des madrépores.

Ces roches sont le refuge habituel de pholades, lamellibranches perforants qui s'appliquent superficiellement sur celles-ci, produisent au bout d'un laps de temps des cavités énormes.

Les deux tiers de l'île, couverts d'une végétation monotone de palétuviers, présentent une agglomération. où la prospection est difficile, les seules espèces végétales qui se plaisent sur ces ilots sont représentées par des palétuviers (*rhizophora*), casuarinas (*casuarina equiseti-folia*), espèce végétale dont le port ressemble à celui de gigantesques prêles arborescents, des baobabs (*adansonia digitata*).

La pauvreté de la faune provient du manque d'eau, à part quelques rares insectes, il n'y a aucune trace de mammifères, sur les plages on rencontre des crabes en abondance.

Néanmoins la pointe Nord-Ouest de Tekomaji est remarquable par un habitat considérable de frégates (*atagen minor*), qui remplissent sans discontinuer l'espace de leurs cris plaintifs, sur le sable, des quantités énormes d'œufs de couleur blanc-verdâtre, maculés de noir, attendent les rayons solaires pour éclore.

La côte Nord de la baie de Tunghi a une élévation de 25 à 50 mètres en différents endroits, la constitution de la zone littorale est rocheuse, depuis le village Kiouya ou Tunghi jusqu'au cap Delgado ; la partie Sud de la baie est plate et basse, constituée uniquement de plateaux sablonneux et de canaux. Dans l'Ouest court une chaîne boisée.

Tunghi ou Palma est un village de peu d'importance enfoui dans la verdure, au milieu des cocotiers et des palmiers. La seule particularité est un vieux fort délabré, dont subsistent encore quelques murs écroulés envahis par une puissante végétation.

La langue swahili se parle couramment ici, quoique l'élément ethnographique soit différent, les hommes portent à peu de chose près le même costume que sur la côte du Zanguebar, néanmoins hommes et femmes ont une préférence marquée pour les tissus de couleur indigo, les dessins bariolés ne se rencontrent pas, et les mutilations des oreilles fort appréciées chez les femmes swahili, ne se pratiquent pas dans cette région-ci.

Les Macundes habitent la région qui s'étend depuis le littoral jusqu'aux premiers contreforts qui prennent naissance à l'Ouest. Au delà vivent des populations au tempérament belliqueux, les Macouas, qui sont continuellement en guerre avec les autorités portugaises et les Macundes. Ceux-ci sont de mœurs essentiellement pacifiques.

Mto Mangani ou Palma est bâtie sur la rive Ouest de la rivière qui porte le même nom.

Le sol est sablonneux et les cultures y sont peu développées, la marche pédestre est difficile dans ces régions, on y supplée pour les Européens, au moyen d'un hamac suspendu à une tige de bambou très longue et très résistante, cet appareil est porté par deux indigènes, il se nomme machile, il ressemble vaguement à la filanzane malgache, avec la différence que dans l'appareil usité au Mozambique, le voyageur est allongé.

Les *Machileros*, nom donné aux indigènes qui portent les voyageurs, sont susceptibles de fournir de longues étapes.

Les environs de Palma sont verdoyants, et si les indigènes voulaient s'en donner la peine, ils obtiendraient peut-être de bons résultats agricoles. Seul le cocotier est l'objet d'une culture qui demande peu de soins.

Non loin du rivage on rencontre des monticules formés par des dépôts de coquilles d'huîtres perlières, qui sont consommées par les indigènes, lorsque celles-ci n'ont encore atteint que quatre à cinq centimètres de largeur au maximum. L'animal ainsi recueilli avant son état adulte est mis dans un grand récipient que l'on soumet à une cuisson prolongée.

Peut-être dans une époque encore lointaine, lorsque le faciès géologique de cette région aura interverti la stratigraphie actuelle, ces résidus culinaires attireront-ils l'attention d'un ethnographe, qui essaiera de tirer une déduction de ces dépôts, avec la similitude de ceux que l'on rencontre abondamment dans les régions septentrionales de l'Europe, qui sont dénommés « *kökelmöddings* », se rapportant à la présence de l'homme préhistorique dans les régions scandinaves.

Les îles Rongwi et Tekomaji reposent sur le même récif de corail.

L'île Rongwi est également de forme triangulaire, longue de 3 milles et large de 2 milles.

Devant sa pointe N.-O. se trouve l'îlot Kamesi, très boisé, dont la hauteur est d'environ 13 mètres et vis-à-vis de laquelle nous sommes à l'ancre.

Le Ras Afunji est caractérisé par une légère élévation couverte de végétation.

Dans la baie de Maiyapa, les hauts fonds sont riches en huîtres perlières et en jambonneaux (*pinna*).

Pour nous diriger vers l'île Keramimbi nous suivons une passe où la sonde accuse des profondeurs oscillant entre 1 m. 50 et 2 m. C'est la limite extrême où peut s'engager le « Kenda ».

Cette île n'a guère plus d'un mille de longueur, un demi-mille de largeur ; elle est très boisée et haute d'une douzaine de mètres.

Un récif de corail qui assèche à basse mer, s'avance à un mille et demi de ses bords Sud-Est. L'île Keramimbi est la seule du groupe des Kerimba qui offre un caractère grandiose par les érosions produites sur les récifs de coraux, quelques témoins épars de ci de là démontrent le phénomène de désagrégation continuelle des roches édifiées par les polypiers, que rien n'arrête dans leurs travaux, qui tendent à exhausser continuellement ces îles.

Wamizi est semi-circulaire, dans un arc parallèle à l'équateur elle est couverte de végétation et son altitude moyenne est de 30 mètres.

Depuis le cap Delgado, toutes les îles du groupe Kerimba sont inhabitables et inhabitées, néanmoins l'île Wamizi fait exception à cette règle.

Sur la côte septentrionale de cette île, vivent misérablement une centaine de Macundes, qui se livrent à la recherche des huîtres perlières, le récif qui avoisine le littoral étant riche en méléagrines. Ces indigènes ignorent totalement la plonge. Pour recueillir ces intéressants bivalves, ils se bornent à ramasser, à marée basse, les huîtres qui sont rejetées sur les plages sablonneuses par la force des marées et des courants, mouvements qui occasionnent le fractionnement d'algues, sur lesquelles les huîtres sont généralement adhérentes.

Wamizi étant dépourvue d'eau, les pêcheurs doivent, pour se ravitailler de ce liquide essentiel, franchir en petits boutres une distance de 18 milles environ pour se rendre vers Mto Maiyapa où l'on peut en trouver.

Le plus important village de cette baie est Marongo, localité dissimulée par un épais rideau de palétuviers qui couvre un demi-mille.

Les branches principales s'enchevêtrent les unes dans les autres, et les racines adventives. qui naissent à mi-hauteur, maintiennent dans ces marais vaseux ces végétaux palustres. Des racines respiratoires, émergeant de la vase, contribuent à renouveler l'oxygène nécessaire à la vie végétale, ces terrains marécageux en étant presque dépourvus.

L'île Kifuki à l'Ouest et l'île Mtundo à l'Est, reposent sur le même récif, l'orientation est la même que l'île Wamizi, parallèlement à l'équateur, la face concave au Nord.

Vis-à-vis de Kifuki nous sommes ancrés dans des conditions défavorables, la goëlette tangue et roule continuellement, malgré le surcroit de chaînes ajoutées à l'ancre, nous sommes restés ainsi douze jours dans l'impossibilité de travailler, pendant les quatre derniers jours de cette fâcheuse situation, nous étions dépourvus d'eau. Quant à tenter de s'en ravitailler sur la côte il n'en fut même pas question, la mer houleuse et le vent qui souffle avec rage, ne nous permettaient d'envisager quand nous pourrions réaliser ce projet. Devant pareille situation qui menace de s'éterniser, nous procédons au partage de notre biscuit de munition et du soda avec l'équipage.

Le beau temps revint, et avec lui, une satisfaction sans bornes, faisant place à la tristesse et à la monotonie des jours qui s'écoulèrent si lentement.

A partir du Ras Niguro, pointe Nord de l'entrée de la rivière Mazimboa, une chaîne de collines boisées s'étend jusqu'au cap Delgado, s'écartant progressivement de plus en plus du rivage à mesure qu'elle se dirige vers le Nord ; nous ne tardons pas à en reconnaître la falaise d'argile rouge, qui sépare tous les autres points de cette région littorale, ce paysage paraît d'autant plus pittoresque que nous sommes déjà habitués à voir sans interruption des régions basses d'une monotonie désespérante.

La crique de Mazimboa est située au fond de la baie de même nom, elle s'enfonce à environ quatre milles dans les terres, dans une direction N.-O. et aboutit à un marais de palétuviers.

Nous choisissons comme mouillage la rive septentrionale, dans une petite crique formant cul-de-sac, à un quart de mille, vis-à-vis de Mazimbwa (Mazimbua des Portugais).

Cette région n'est fréquentée que par des boutres, et nous sommes de la part des naturels l'objet de la curiosité la plus intense ; ils nous questionnent pour savoir à quelle nationalité appartient le bâtiment, ignorant les couleurs du pavillon allemand, et demandent si nous venons pour prendre possession de leur pays ; aussi leur désillusion est grande lorsqu'ils apprennent le but pacifique de notre présence.

Mtamba, est une petite localité qui se trouve sur la rive occidentale de la rivière Mazimbwa, c'est le lieu de résidence d'un poste militaire.

A cinq kilomètres de Mtamba nous avons la possibilité, dans une région très accidentée, de trouver de l'eau, mais seulement après avoir creusé des puits, ceux exploités par les naturels étant effondrés ou d'une saleté repoussante ; le sol argileux après avoir été creusé jusqu'à 7 et 8 mètres de profondeur, laisse suinter un liquide épais et brun, qu'il faut décanter, c'est une infâme eau marécageuse, que l'on ne peut recueillir que par petites quantités à l'aide d'une noix de coco.

Naguère Mtamba était un point important de la côte pour le drainage des produits de l'intérieur, ivoire, copal, caoutchouc, etc.

Depuis deux ans c'est la décadence, Mtamba comptait un millier d'indigènes, il en reste à peine 400, le reste ayant été décimé par la variole.

Les abus pratiqués par les Portugais dans cette région, incitent les indigènes à quitter la colonie, où ils préfèrent se rendre dans les colonies limitrophes anglaises ou allemandes, les caravanes commerciales ont suivi cet exode.

Les punitions corporelles sont atroces, elles consistent à frapper un nombre déterminé de coups, supérieur à 25, sur la face palmaire des mains, avec une palette de bois, identique à celle usitée par les blanchisseuses ; ce supplice est appelée la Palmatoria.

A 5 kilomètres de Mtamba naissent les premières ondulations d'une chaine très boisée d'environ 60 mètres de hauteur qui se dirige vers le Sud.

L'argile plus ou moins sablonneuse est la forme géologique dominante dans cette région.

Mazimbwa a une population presque aussi importante que celle de Mtamba, 400 indigènes environ. Ceux de Mazimbwa sont relativement plus heureux que leurs voisins, ayant su se créer une indépendance relative par leur résistance belliqueuse, et plus d'un soldat est obscurément tombé dans cette brousse par la meurtrière blessure d'une flèche ; malgré cette apparence guerrière, traités avec équité, ils sont doux et serviables.

Le Rus Ulu est couvert d'une épaisse végétation, peu après avoir reconnu ce point nous devons interrompre la navigation, le capitaine Schultz est terrassé par un violent accès de fièvre, seulement trois jours après la fièvre tombe, nous levons l'ancre et pouvons de nouveau compter sur sa clairvoyance pour naviguer dans ces parages semés de dangers.

L'île Mahato a la forme d'un triangle isocèle dont la base est parallèle à la côte ; sa longueur est de deux milles, sa largeur de un mille et demi.

Sur la pointe N.-O. de l'île Mahato subsistent les derniers vestiges d'un fort, qui a résisté tant bien que mal aux dégradations du temps.

Ayant reconnu l'île en arrivant vers la partie Sud-Ouest, nous fûmes véritablement surpris de distinguer quelques groupes d'indigènes, s'avançant sur la plage dans un but évident de curiosité.

Voici quelle fut la cause de leur présence sur cette terre peu hospitalière ; quelques jours avant notre arrivée, un fort parti de Macuas, était venu des hautes régions qui, à quelques kilomètres, courent parallèlement à la côte.

Armés de mauvais fusils de traite ils avaient pillé, saccagé les paisibles Macundes qui s'occupent de l'élevage du bétail ou de la pêche, et quelques Banians qui commercent dans cette riche région de la pointe Pangane, n'ayant pour toute défense que des arcs et des flèches.

Après avoir fait main basse sur les récoltes, les marchandises, massacré quelques Banians, ils s'étaient retirés, sans doute pour revenir à la charge.

Les plus timorés du village avaient fui, avec quelques mauvaises barques, pour se réfugier sur l'île Mahato, où ils installèrent leur campement.

Jadis, il y avait un poste militaire portugais qui défendait les Macundes des incursions de leurs voisins, mais le fort qui servait de caserne aux Ascaris est abandonné depuis fort longtemps, il n'en subsiste que quelques pans de murs écroulés.

La présence de forces militaires dans cette région n'a lieu qu'à l'époque où les agents fiscaux viennent prélever l'impôt sur les paillottes.

Lorsque l'échéance est passée, les autorités de la colonie se soucient fort peu des risques de leurs administrés et ne leur assurent même pas les moyens de défense les plus élémentaires.

Nous nous dirigeons sur la pointe Pangane, suffisamment armés pour parer aux premières éventualités.

Les indigènes de Pangane, qui sont restés sur la côte, nous

témoignent une vive satisfaction de notre présence ; pendant notre court séjour rien n'est venu troubler le calme, la présence de la goëlette mouillée à un mille, a-t-elle suffi momentanément à intimider ces pillards ?

L'île Matemonco est basse, quelques arbres isolés n'égayent qu'insuffisamment ce paysage, des pêcheurs viennent y rechercher des Cônes Tigre, le (*Conus Millepunetatus*) de Lamarck, coquillages qui font l'objet d'un commerce important avec Ibo, qui les réexporte à Fort Salisbury, capitale de la Rhodésia, où les Cafres de cette région les utilisent comme parures.

Ibo est peuplée d'environ 3.000 à 4.000 habitants, la plupart indigènes. L'élément européen n'étant représenté que par 1 Français et 3 Allemands.

Sur le rivage il y a quelques maisons en pierre qui ont bonne apparence, mais la ville principale est en majeure partie une agglomération de huttes. Les palmeraies sont abondantes, les voies très larges sont plantées de manguiers et de flamboyants (*Poinciana pulcherrima* L.).

La population hétéroclite se compose de Macundes, de Macuas, de Banians, Hindous originaires de la province de Cutch.

Le mélange des sangs portugais et macunde a donné issue à des métis d'une beauté exceptionnelle, ces créoles sont dénommés Msungo dans la langue macunde.

Ibo est dépourvue d'eau, mais il existe des citernes où ce précieux liquide est précieusement recueilli.

Les conditions climatologiques ne laissent pas trop à désirer, du mois de Janvier à Mars il tombe beaucoup de pluie, la fièvre palustre et hemoglobinurique est si intense que beaucoup de gens de couleur n'en sont pas exempts.

Les noirs sont exposés au béribéri ou sclérodermie, affection provoquée par l'ingestion d'aliments avariés, particulièrement le riz.

La lèpre éléphantiasique est répandue, je n'ai observé toutefois aucun cas de lèpre léonine.

Les indigènes d'Ibo sont friands de boissons alcooliques, principalement le tembo, produit par la fermentation du cajou *anacardium occidentale* L.

Ibo est la capitale des territoires du Nyassa, dont l'influence s'étend du cap Delgado au Nord, à la baie de Pemba au Sud, et au lac Nyassa à l'Onest.

Ce domaine géographique est concédé à une Compagnie à charte qui possède des droits régaliens.

Les exportations consistent en coprah, copal, graines oléagineuses, cire d'abeilles, écorce de palétuvier rouge, matière employée dans la teinturerie et la tannerie.

Les îlots qui forment le groupe des Kerimba sont au nombre de 34, couvrant environ une étendue de 117 milles du cap Delgado au cap Arimba ; dans cet intervalle les îles et les récifs frangeants s'avancent jusqu'à 13 milles au large du continent, la plupart ne s'en éloignent que de 10 milles, mais au Sud du parallèle de 12° S. l'écart ne dépasse jamais 8 milles de la côte.

Entre le continent et les îles, dans les baies abritées, on rencontre en abondance des huîtres perlières ; les fonds où se rencontrent les bivalves producteurs de perles, les Meleagrina Margaritifera, étant relativement très rapprochés de la surface, sont naturellement très éclairés dans un milieu très oxygéné, bénéficiant des radiations solaires, le développement des perles est important, quant à la nacre, elle est dépourvue de valeur industrielle, les conditions favorables pour son développement sont diamétralement opposées, les meilleurs gisements nacriers se rencontrant uniquement dans les bas-fonds, fait observé, par exemple, dans les archipels de la Société. Aux îles Querimba, les hauts fonds sont habituellement de 5 à 9 mètres.

La pêche des perles proprement dite n'est pas pratiquée aux îles Querimba, les indigènes ignorant absolument la plonge, comme on la pratique aux Indes, ou sur d'autres points du globe, aussi se contentent-ils de ramasser les huîtres adhérentes aux algues, qui, arrachées par la violence des courants, viennent échouer sur les plages.

Le fait de ramasser ces épaves ne constitue pas, à proprement parler, un prélèvement sur le banc en place, les bivalves arrachées par de multiples raisons, du banc représentent un gisement dépourvu des conditions biologiques nécessaires à la production du nessain, substance destinée à perpétuer l'espèce.

Un décret du gouverneur des territoires du Nyassa a récemment interdit cette pratique, sous le fallacieux prétexte qu'elle appauvrit les bancs d'huîtres, qui d'ailleurs ne sont pas exploités.

Malgré cette restriction, il est permis aux indigènes de consommer les huîtres pour leur alimentation, mais il leur est défendu de tirer partie des sécrétions qu'elles contiennent. Malgré cet arrêté, basé sur les considérations les plus erronées, les indigènes se livrent à une contrebande active, dont bénéficient les Banians, qui exportent les perles sur Bombay.

Aussi la colonie aurait-elle intérêt à tirer profit de cette source de richesse, en exploitant rationnellement les riches bancs perliers des îles Querimba.

Pour mettre le cap sur Mozambique nous gagnons la haute mer et en trois jours, favorisés par la mousson, nous avons parcouru 174 milles jusqu'à ce point.

L'île de Mozambique sur laquelle est bâtie la ville de même nom, est basse, étroite, formée de corail, longue seulement de 1 mille 1/2.

La ville européenne est construite sur le côté Ouest de l'île, l'agglomération de paillottes qui compose le centre indigène est située sur le versant opposé, qui fait face à la haute mer.

Les constructions européennes sont vastes, surmontées d'immenses citernes, où les condensations atmosphériques sont soigneusement recueillies, l'île de Mozambique étant dépourvue d'eau.

Les rues larges sont soigneusement entretenues, *a priori* cela pourrait faire supposer, qu'avec des soins aussi minutieux, la climatologie de cette colonie ne laisserait rien à désirer pour les Européens. Il n'en est malheureusement pas ainsi, sous ces apparences les fièvres paludéennes, et les bilieuses hématuriques y règnent toute l'année, la cause unique de cet état endémique provient des indigènes qui laissent séjourner sur la côte orientale de l'île, des immondices, des eaux usées qui restent stagnantes dans des cavités et des dépressions où la houle du large ne peut apporter son élément purificateur.

Avant le développement de Lourenço-Marquès dans la baie de Delagoa, Mozambique était la capitale de la colonie portugaise.

La baie de Mozambique est dangereuse par la violence des courants, qui déplacent continuellement les fonds de sable, et par la présence continuelle de nombreux requins, il y aurait péril dans cette zone à débarquer autrement qu'en baleinière.

Sur 7.000 à 8.000 habitants, il y a à peine un pour cent d'Européens.

Mozambique exporte l'ivoire en petites quantités, l'ambre, la cire, le caoutchouc de qualité médiocre provient d'incisions pratiquées sur diverses variétés de *Landolphia*, des graines oléagineuses, de l'or alluvial recueilli à Sofala, et des perles des îles Bazarouto.

Dans la baie de Mozambique sont ancrés trois boutres ayant appartenu à des négriers.

Ils ont été mis en pièces au moyen de cartouches de dynamite, cette pratique est exercée sur les bâtiments qui ont servi à la traite des esclaves, une fois capturés, ils ne doivent plus être utilisés.

Depuis plusieurs mois, ces boutres étaient dans cet état, ils avaient

.été pris dans le voisinage de la rivière Roumma par des canonnières portugaises. Les patrons qui les commandaient, tous Comoriens, c'est-à-dire protégés français, se livraient, d'après les documents saisis, à ce fructueux négoce depuis de longues années.

La majeure partie des esclaves était dirigé vers Mascate où le prix de vente montait jusqu'à 300 roupies, la roupie vaut 1 fr. 70, comme le prix d'achat était infime, environ 25 roupies, ce honteux trafic n'était pas sans laisser des bénéfices importants.

Nous avons environ 420 milles à franchir pour nous rendre aux îles Bazarouto ; la mousson du Nord, qui d'habitude n'est complètement établie que dans les premiers jours de Décembre, est en avance d'une quinzaine de jours, cela contrarie un peu nos projets, la saison des pluies va commencer, la traversée sera pénible à effectuer.

Poussés par le vent de terre, nous gagnions rapidement le large, mais des courants nous firent dévier de notre route, nous portèrent jusque par le travers de 38° de longitude, qui sépare le canal de Mozambique en deux portions équidistantes.

En cinq jours nous avions parcouru environ 540 milles.

L'île Bazaruto, la plus septentrionale et la plus grande du groupe, a une longueur de 18 milles, sa partie septentrionale a une altitude de 118 mètres.

L'aspect général des îles Bazarouto est identique à celui des îles Querimba.

L'île Benguerua, sablonneuse, en partie boisée, l'île Xezine et l'île Bangué sont situées au Sud de Bazarouto, ce groupe d'îlots se termine à une distance de 4 milles du cap Saint-Sébastien.

Xezine et Bangué sont inaccessibles du côté du large, les seuls mouillages convenables sont répartis à l'Ouest du cap de Bazarouto, l'hydrographie de cette région est très mal connue, la prudence y est recommandée.

L'île Marsha ou Santa Carolina est située au milieu de la baie de Bazarouto.

Les conditions biologiques des huîtres perlières sont similaires dans le groupe des îles Bazarouto à celles du groupe des îles Querimba.

Dans l'actualité nous sommes en pleine saison pluviale, l'eau tombe sans interruption, le travail prospectif est presque impossible.

Devant l'alternative de rester immobilisés par les pluies ou par la mousson du Nord qui souffle avec violence, nous décidons de remonter vers le Nord, jusqu'à Beira, à l'embouchure de la rivière Pungue, ayant accompli l'itinéraire du voyage.

C'est avec difficulté que je décrirais l'état de la mer, là lutte pour remonter vers le Nord.

Pendant trois jours, affreusement ballottés par une mer déchaînée, nous eûmes à lutter contre la tempête.

Les voiles déchiquetées par le vent qui souffle avec rage, sont réparées tant bien que mal.

Le canot qui est arrimé sur le pont a ses amarres arrachées, le mât de beaupré est brisé, le pont est balayé à chaque instant par les vagues qui déferlent et nous obligent à clore hermétiquement l'entrepont.

Un réservoir d'eau solidement arrimé à l'arrière est projeté contre le bordage.

Dans la tourmente, la majeure partie des collections et du matériel est anéantie, nous sommes impuissants à préserver de la destruction les documents recueillis après tant d'efforts.

Dans la tempête, l'interprète brisé de fatigue, s'était endormi, il fut projeté contre une pièce de fer et se plaignait de douleurs internes, dans l'impossibilité absolue de se mouvoir.

Au bout de trois journées qui nous avaient paru des siècles, pour franchir seulement une centaine de milles, ne devant notre salut qu'au peu de charge de la goélette et au filage du pétrole, étant dépourvus d'huile, nous apercevions du large, les terres basses qui forment de chaque côté l'embouchure de la rivière Pungue.

Quelques jours plus tard nous apprenions à Beira, que pendant la tempête, de laquelle nous étions sortis victorieux, une vingtaine de petits voiliers s'étaient perdus corps et biens dans ces parages du canal de Mozambique.

L'entrée de la rivière Pungue est obstruée par de nombreux bancs qui s'avancent à une certaine distance du large, mais il existe un chenal navigable d'une largeur suffisante, balisé avec des bouées, dans lequel on trouve des fonds de 5 à 7 mètres à basse mer.

Au coucher du soleil nous apercevions l'embarcation des pilotes qui est ancrée à l'embouchure du Pungue, nous avions hâte d'utiliser ses bons offices, mais le vent du large faiblissant nous oblige à carguer la voilure. Nous fîmes des signaux lumineux, avec de l'étoupe imbibée de pétrole, étant dépourvus des fusées réglementaires.

Nous n'étions pas encore au bout de nos peines, le bateau pilote nous répondit par le même genre de signaux, que vu l'état de la mer, il ne pouvait nous offrir ses services.

Nous jetâmes l'ancre sur un banc de sable, dépourvu d'abri contre les vagues, dans celte déplorable situation nous avons attendu le lever du jour.

Le pilote vint à bord à 6 heures, l'accostage était devenu praticable, le soleil avait accompli la moitié de sa trajectoire lorsque nous arrivions à un mouillage sûr dans le port de Beira.

Beira, dont la signification portugaise veut dire sable, est construite sur l'épi Chivève, pointe basse et sablonneuse, qui forme la côte Est de l'entrée de la rivière Pungue.

Beira est la capitale des territoires de Manica et de Sofala, administrés par la Compagnie de Mozambique.

Son importance commerciale s'est accrue depuis l'ouverture du chemin de fer qui rejoint Fort Salisbury, capitale de la Rhodésia, dont Beira est le port de transit.

Beira a bénéficié du développement de l'exploitation minière du Transvaal.

La région de Macequece, située à 40 milles dans l'intérieur est, dit-on, riche en gisements aurifères.

Sur la rivière Buzio ou Buzi, affluent du Pungue situé en amont de Beira, une Compagnie coloniale portugaise a fait des efforts pour constituer un jardin d'essai. Ses cultures vivrières ravitaillent la nombreuse colonie européenne de Beira.

L'eau est soigneusement recueillie dans de vastes réservoirs de tôle pendant la saison pluviale qui commence d'Octobre à Novembre pour se terminer en Avril.

D'après le contrat que nous avions signé à Zanzibar, le capitaine Schultz et moi, celui-ci devait me ramener au point de départ, avec les boys, mais comme les phénomènes météorologiques, sur lesquels nous devions compter pour le voyage de retour, étaient contraires, la mousson du Nord étant établie avec une grande avance ; d'un commun accord nous avons changé nos conventions.

Depuis l'île Tekomaji jusqu'à Beira, nous avions parcouru 1.030 milles marins.

Quelques jours après avoir réparé les dégâts occasionnés par la tempête, le « Kenda » reprenait la haute mer.

Avec regret je me séparai du capitaine Schultz, mon compagnon de route de quelques mois, dont j'avais pu apprécier le caractère droit, énergique et brave, et qui, seul sur l'Océan, reprenait son dur labeur.

Lille imp. L Danel.

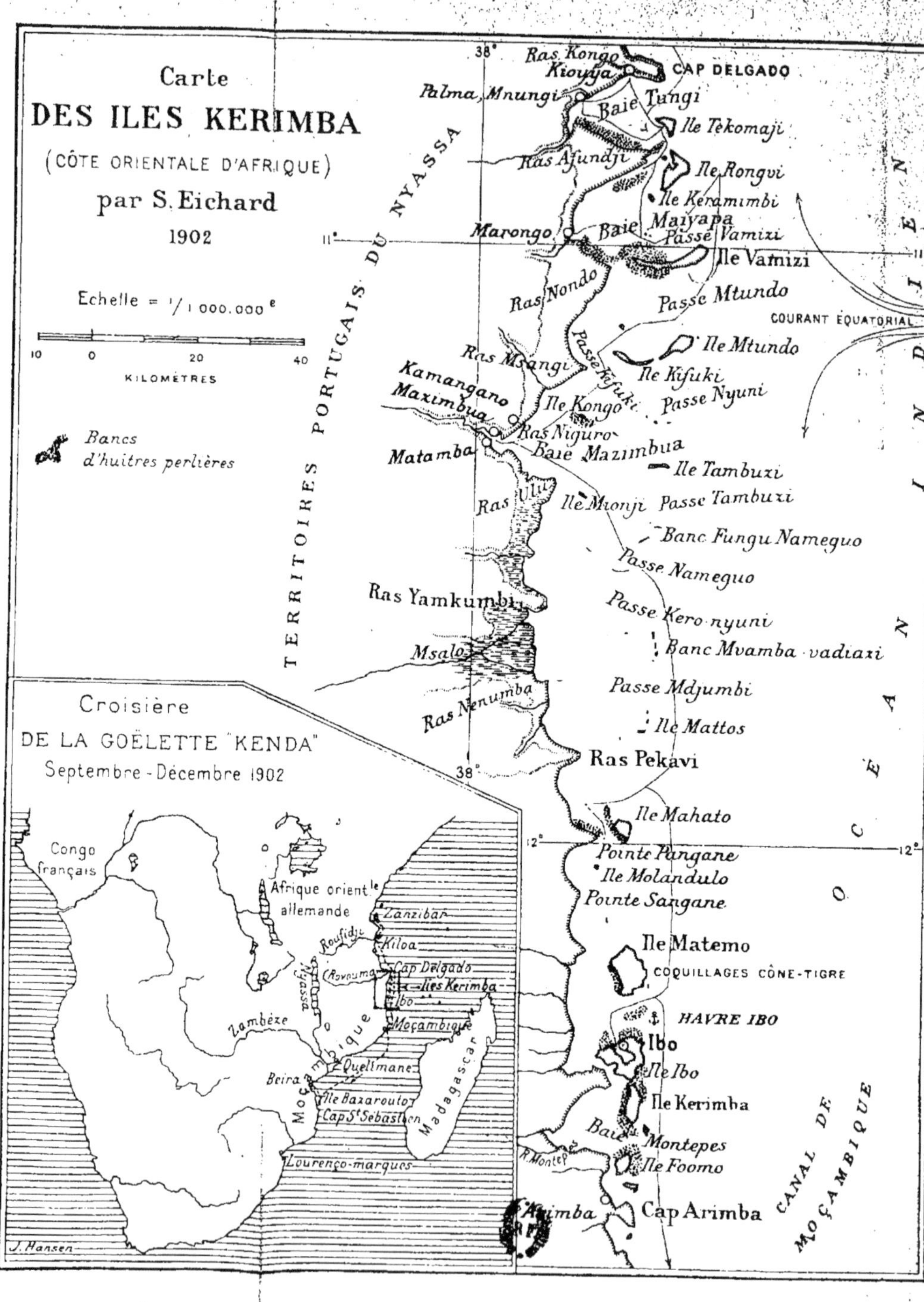

Carte
DES ILES KERIMBA
(CÔTE ORIENTALE D'AFRIQUE)
par S. Eichard
1902
Echelle = 1/1.000.000 e
10   0   20   40
KILOMÈTRES
Bancs
d'huîtres perlières
Croisière
DE LA GOÉLETTE "KENDA"
Septembre - Décembre 1902
Congo français
Afrique orient.le allemande
Zanzibar
Roufidji
Kiloa
Rovouma
Cap Delgado
Iles Kerimba
Ibo
Moçambique
Nyassa
Zambèze
Mozambique
Quellimane
Beira
Ile Bazarouto
Cap St Sébastien
Madagascar
Lourenço-marques
J. Hansen
TERRITOIRES PORTUGAIS DU NYASSA
Ras Kongo
Kiouya
Palma Mnungi
CAP DELGADO
Baie Tungi
Ile Tekomaji
Ras Afundji
Ile Rongvi
Ile Keramimbi
Maiyapa
Marongo
Baie
Passe Vamizi
Ile Vamizi
Ras Nondo
Passe Mtundo
COURANT ÉQUATORIAL
Ras Msangi
Passe Kisuki
Ile Mtundo
Ile Kisuki
Passe Nyuni
Kamangano
Maximbua
Ile Kongo
Ras Niguro
Matamba
Baie Mazimbua
Ile Tambuzi
Ras Uli
Ile Mionji   Passe Tambuzi
Banc Fungu Nameguo
Passe Nameguo
Passe Kero-nyuni
Ras Yamkumbi
Banc Mvamba-vadiazi
Passe Mdjumbi
Msalo
Ile Mattos
Ras Nenumba
Ras Pekavi
Ile Mahato
Pointe Pangane
Ile Molandulo
Pointe Sangane
Ile Matemo
COQUILLAGES CÔNE-TIGRE
HAVRE IBO
Ibo
Ile Ibo
Ile Kerimba
Baie
Montepes
R. Montep
Ile Foomo
Cap Arimba
Arimba
CANAL DE MOÇAMBIQUE
OCÉAN INDIEN